「달팽이의 기도」

달팽이의 기도

이석란 제2시집

440 · 문학공간시선

한강

시인의 말

일상들이 날개 단 책장
동화되는 생각으로
많은 존재의 가치를 생각했다
부끄럽고 찬란한 용기
삶의 가치관을 나타낼 수 있음에
스스로 다독인다
시작始作이라 생각하면 더욱
무거워지는 마음 어쩔 수 없다
내게는 미련한 뚜벅이가 꿈틀거린다

곁에서 지켜봐 주시고 용기 주신 많은 문우님께
감사드린다.

2022년 10월에
이석란

이석란 제2시집　　　　　　　　**달팽이의 기도**

□ 시인의 말

제1부 별꽃을 사랑한 달무리

떨켜의 사유 ─── 13
저문 강가에서 ─── 15
풀밭에서 조우한 콜라병 뚜껑 ─── 16
형은 농부 ─── 18
별꽃을 사랑한 달무리 ─── 19
잡지를 보다가 ─── 20
엄마 꽃구경 가자 ─── 21
가을 노래 ─── 22
이끼 ─── 23
바람을 보쌈하고 싶다 ─── 24
아버지 제삿날　　25
고향길 ─── 26
늦은 오후 ─── 28
초가집 앵두나무 ─── 29
봄 밭둑을 거닐며 ─── 30

제2부 자드락길을 거닐며

첫걸음 ─── 33
임플란트 ─── 34

달팽이의 기도　　　　　　　이석란 제2시집

차 례

35 —— 동행
36 —— 봉수대
37 —— 마을버스
38 —— 내 안의 타인
40 —— 요양원에서
41 —— 자드락길을 거닐며
43 —— 존재의 의미
45 —— 은하수 길
46 —— 보도블록 틈 사이에 핀 꽃
47 —— 남부 해수욕장
49 —— 해운대역
51 —— 간디의 신발
53 —— 회동 저수지
54 —— 지하철의 갈매기
55 —— 여름 바닷가

제3부 들꽃의 외출

59 —— 빨랫줄
61 —— 보랏빛 나팔꽃
62 —— 소라의 전설
63 —— 산수유 마을

이석란 제2시집 　　　　　달팽이의 기도

차 례

옷 수선 —— 64
선인장의 가시 —— 65
들꽃의 외출 —— 66
가을 강변을 바라보며 —— 68
염전 —— 69
우포늪에서 —— 70
가을 산 —— 71
진부한 긍정 —— 72
정원의 달 —— 73
허수아비 —— 74
봄볕 —— 75
초승달 따다 —— 76
타인의 인연 —— 77
낙동강의 저녁 풍경 —— 78

제4부 달팽이의 기도

석탑 위에 뜬 달 —— 81
공양간에서 —— 82
왕거미 —— 84
무인 찻집 —— 85
불타는 자작나무 —— 86

달팽이의 기도   이석란 제2시집

87 ──── 연서
88 ──── 태풍
89 ──── 큰 물
90 ──── 얼음 둥지
91 ──── 존재의 이유
92 ──── 화엄사 홍매화
94 ──── 서운암의 풍경
95 ──── 연꽃
96 ──── 사리암 계단을 오르며
97 ──── 초승달을 보며
98 ──── 마음 나누기
99 ──── 달팽이의 기도
100 ──── 먹을 갈며
101 ──── 하회 마을 탈놀이
102 ──── 무풍 한솔 길 걸어서

□ 해설_신기용

별꽃을 사랑한 달무리

제1부

떨켜의 사유

달팽이가 만든 길 마른 단풍잎 쌓여 있다
배낭 끝을 따라 걸어가니
곳곳에 익은 이삭 묶기
다람쥐 겨우살이에 바쁘다

아버지 홀로 추위 견디시며 식솔들 염려하여
겨울이 다 가도록 땔감 나르시던 모습
사람도 미물도 부모라는 위대한 자리
성장해 내보내기까지 짊어져야 하는 책임감이
찬 서리 앞에도 맞서야 할 일들이다

토굴 속 반짝이는 분신들을 쳐다보며
힘겨움 견뎌내듯 아랫목 발 넣은 우리는
딸깍딸깍 문고리가 일러주는 추위에도
언니는 호롱불에 책만 보았고
내 귀는 찾아올 친구 기다림에 시간을 허비했다

벽에 걸린 아버지 낡은 옷 고단함에
마른 단풍 대롱거리며 바람맞아도

당연한 줄 알았던 철부지
갑자 지나 내다본 고향 친구 피붙이 손잡은 골목
어린 시절 발자국 따라 들어선 뒷모습
벌써 굽어진 허리엔 황혼을 짊어지고 있다

저문 강가에서

노을에 기댄 그림자
나룻배의 길어진 허리를 잡고
어깨동무했던 내임의
모습을 품어 본다

어느 때 치덕거리던
강 비늘 다독이던 긴 시간들
사랑을 풀어내던, 그 미소
아스라한 손짓으로
달려가 내일을 반추한다

그도 강물처럼 흘러갔다
어디선가 찾아올 미련을 접고
어둠을 따라 발버둥치던
사랑도 긴 여운도
나침판 없이 향하는 별빛 되어
긴 강둑에 서성인다

풀밭에서 조우한 콜라병 뚜껑

 토끼풀 무성한 잔디밭 아이들의 활기찬 모습 바라보는
 종갓집 맏며느리 닮은 너를 만났다
 세상 구경 진하게 하고 여기까지 돌아 돌아왔네
 닳아진 손톱 인고의 굳은살 박이는 순간까지
 인정 나누며 갈증을 풀어 주기도 했다

 비둘기 종종걸음 잔디 헤치며 찾아내는 과자 부스러기
 강자와 약자의 눈치작전
 삶의 흔적 켜켜이 쌓여 있다
 어르고 달래고 때로는 사무치는 사랑을 나누며
 서로에게 양보와 아량으로 살아온 모습을 기억한다

 양로원에 계시는 어머니 고단함의 흔적
 무지개를 그리던 언덕진 지난 삶
 갈고리로 변한 손 초점 흐려진 빛바랜 웃음
 재생 없는 위안은 무언의 약속이 되어 침묵을 삼킨다

길었던 햇살 노을빛 환호로 승화된 혼자만의 꽃길
기다림의 끈 맴돌아 기억 지우려는 하루하루
창가에 떨어지는 유성, 그
포물선 따라 옮겨가는 시선

영원히 나누어야 할 고뇌와 환착活着

형은 농부

빈 사과 박스 속 정리된 갖가지 채전 봉지
형이 장만한 정성 그 속에 숨바꼭질한다
어떤 것은 흙더미 덮어쓰고
어떤 것은 풀 내음 가지런히 앉아
쪽마루에 기대어 고향 떠날 채비에 분주하다

가을걷이 마무리되지 않아
마른 고춧대 움켜잡고 씨름한 일손 보태기
어느 것 한 가지도 낯설지 않은 곳
부모님 물려주신 흙벽 푸근한 울타리

밭둑을 지나는 이웃들 일면식의 안부
익숙지 않은 일손에 보람된 노동의 한나절
먼 길 온 보따리의 멀미
현관 앞에 널브러진 혈연의 정표

식탁에 앉아 주거니 받거니 희석되는 포만감
향수 읽어내는 고향 발자국

별꽃을 사랑한 달무리

풀꽃 무성한 뜰 별들이 내린 곳
중천에 뜬 달 들려주는 따뜻한 이야기
어떤 것은 고주를 달고 어떤 꽃은 잔지를 달았다

어느 별 손님이기에 귀하게도 생겨
엄마는 웃음으로 사랑을 먹이고
이웃은 관심으로 인연을 다독인다

꿈 얹어 둔 가득한 두레상
사립문 여닫아 받아낸 울음소리
풍성한 삶의 언어
별 같은 이야기 놓아둔 자리 다복하다

자상한 다독임 책갈피 넘기던 여인은
몇 차례 도란거리는 이야기 베고
기억의 뜰에서 이름 부른다

잡지를 보다가

새벽안개 논두렁 위 내려앉은 길
지게 지고 소 몰고 가는
흑백 사진 속 아버지를 만났다

흙빛 바짓가랑이 어긋지게 입고
텁수룩한 수염 앙상한 어깨 그 뒷모습
책 속에 두고 떠난 것이다

가난이 당연하던 시절
토방 위 놓여 있던 검정 고무신
상표 지워질라
들녘에 모셔 두던 맨발의 삶이었다

연필 들고 책상에 앉아
아버지 신사복 그려 입혀 드리고
구두 신고 중절모에 손잡고 외가에 가는 모습
밤늦게까지 바느질한 맞춤형 한복 한 벌
창밖 별들이 내어 준 밝은 길
굽어진 허리도 펴시고 떠났다

엄마 꽃구경 가자

아지랑이 아롱이던 날
단란한 가족들 손잡고
~~봄~~놀이 즐긴다

몰래 훔친 꽃가지
병상의 엄마 품에
아이처럼 눕혀 놓고
쓰담쓰담
엄마 일어나면 되겠다

허공에 고정된 깊은 눈동자
무언의 이야기 이슬 맺히고
눈빛에 젖어 오는 아픔
뛰듯이 나온 병실

온 천지가 꽃밭이다

가을 노래

둥근달 창문에 당도하면
뜰에 선 나무 술렁거려
벤치 위 앉은 종이컵 바람 담기 바쁘다
풀벌레 목청 높여 별을 부르고
달빛 걸음 만추를 재촉한다

발등을 숨겨도 드러내게 하는 마실 길
머리카락 쓰다듬어 내려진 어깨동무
먼 산 부엉이 더딘 걸음 나눈 인사
오래도록 정담을 나눈다

가을 길 따라가는 바람이고 싶다
물든 가슴에 별빛 비추고
달빛에 들녘 거닐던 그때처럼
그 사람 조근조근 다가오던 곳

인정에 목말라 빨라진 걸음
속 깊은 음색 있어 기우는 마음
강 건너 불빛만 한아름 안고 돌아오는 시간

이끼

진자리 터 잡아
푸른 천 꿰매는 바윗돌
싱그내 뛰요 너니시 싰음싸

서로 손잡아 버틴 곳
마른날에도 여유롭다
물소리 바람 소리
잿빛 드리운 하늘 아래
돌 틈 사이 옹기종기 도톰히도 덮고 있다

계절 잊고 기다리는 망부석
약속한 그 사랑 날듯 찾아오면
산바람 신이 나 구슬땀 씻어내고
발소리 음률에 계곡 목청 높아진다

바람을 보쌈하고 싶다

삼복더위
나뭇가지 위에 놀고 있는 바람
한 소쿠리 긁어 담아
콩밭 매는 어메 등에 뿌려 비지땀 씻어 주고 싶었다

하굣길 기척 없는 빈집
엄마 찾아
도래솔 지나 산비탈 끝으로
휘어진 사래 긴 밭 아물아물 호미로
흙먼지 쪼아대는 뒷모습 보인다

몰아의 경지로 직진하는 끈질긴 싸움
계절 넘나들며 씨름한 몸뻬 바지
밭둑은 땀과 고통이 쌓여 둔덕이 되고
고랑은 금방 목욕하고 나온 흰 속살이 되어 훤하다

어머니 허리 잡고 자라는 자식들
아귀차게 건네는 묏바람 앞에 쳐다보던 엄마 얼굴
주름진 정성 얼마나 더 새겨야 서로 엉켜
푸른 잎 앞뒤 흔들며 열매를 달아낼까

아버지 제삿날

아버지 기제삿날
시장 나온 검은 봉지
휘둘린 민나질 밀미간다

묵직한 장바구니
인물 내는 며느리 손
그 맛이 가풍이라 칭찬 이어진 날

코로나가 일러준 첨단 과학
자정에 차려낸 제사상 앞
줌 화상
핸드폰을 보며 절하고
아버지 전송을 마친다

아차,
아버지 폰 비밀번호
알고나 계시는지

고향길

자갈길 밟으며 넘어서던 고갯마루
너덜밭 달아내던 반시 감
겨우내 앙상하게 부르튼 가장이
자동차 지나는 팻말을 보고 있다

아버지 엄마도 저승길에
가족들의 슬픔을 태우고 선산을 향할 때
석남 꽃 활짝 피었었지

삶의 터전
많은 이야기 뿌리고 줍던 강이며 산
불쑥 손잡아 불러내던 날씨
우쭐대는 기분 아랑곳 않고 비 내린다

농부는 물을 가두고,
나는 운문사 법당에 앉아
부모님의 극락왕생을 기도했다

다시 한 번 뒤돌아보고 내려선 노둣돌

젖은 신발 틈 사이로 찾아오는 그리움의 무게
보제루*에 앉아 행선지 결정 못해
길 길을 새꼬 있다

※보제루: 법당 대신 설법을 하기 위해 지은 누각

늦은 오후

추녀 그림자 한 뼘
낮볕 움켜쥔 할아버지 헛기침
허기를 재촉하며 마당을 돌아나가신다

앞산 태양 대청마루 깊숙이
조식에 식구들 불러 모으고
추녀 그림자 한 뼘 내려서면
어머니 한숨 한 음계 높아진다

그림자 길어져 담 넘어 번져 오던
기와집 수저 부딪히는 소리
한때는 저 집에 식솔이었으면
한 적도 있었다

꿀꺽이는 목젖 낭떠러지 앞에
초월한 삶이라 우겨 보아도
가난과 서러움도 있어
한恨으로 속을 채우며
허리끈을 동여매곤 했다

초가집 앵두나무

보리누름에 앵두 붉게 영글다
달빛은 댓잎 사이로 스며들고
여인의 밝은 낯미디 베개깃 적셨다

걸어 잠긴 문고리
돌쩌귀 몸부림칠 때
앵두나무 고집스레 여인만 바라보았다

저승 보낸 남편 얼굴 가물가물 잊히고
꽃봉오리에 맺힌 시집살이
침묵에 요란을 참더니 목소리 잠겼었다

가문이 잡아 앉힌 수절
목젖 보이며 울어 주던 기제사
젯밥은 어디 두고 긴 담뱃대
먼 산 바라보며 품어내던 연기

빈집 앵두나무 붉은 사랑 올해도 탐스럽다

봄 밭둑을 거닐며

덤불 태운 밭둑
거북 등껍질 머리에 이고
허물어진 성곽에 봄볕 놓고 있다

녹아진 마음 어루만지는 생명의 소리
굶주린 겨울 꽁지 후려친 날
잡히지 않은 아지랑이
비탈길 사양 않고 따라간다

흙신 들어 올린 나약한 다리
갈라진 손 사이로 세월 잡은 지층
들썩이며 하늘을 들고 일어선다

해 길어진 저녁
보리밥 냄새 따라 호롱불이 주던 포만감
할머니의 손길 같은 따스한 아랫목
일교차 변심은 꽃샘바람 따라
달래 냉이 앉은 곳에 호미 걸어 일어선다

자드락길을 거닐며 　제2부

첫걸음

아이 울음 아침을 깨우는 골목
겨울바람 차단한 굴뚝 연기 하늘에 올라
새벽 온기 내뿜나

사랑의 미소 속
가뭄 텃밭 기다림에 쏟은 정성
첫 날갯짓으로 찾아온 까만 눈동자
번듯하지도 화려하지도 않은
가슴으로 파고드는 한량없는 사랑

엄마 아빠가 그러했듯이 네가 태어나고
고귀함은 익숙지 않은 세상
빛으로 다가왔다

뽀얀 얼굴을 내밀고 때때로 엄마를 부르며
귀하고 숭고한 엄마의 유두를 물고
마트료시카의 풍요를 느낀다

큰 웃음 큰 미소 더욱 행복한 요람에서

임플란트

하루를 물고 뜯어도 그대로인 마른 언어
금강의 강철이라 자랑하던 옛날
가지런한 인성이 그립다

뿌리내린 자리 뽑히던 날
곡기 끊고 조신하게 누운 자동 침대
푸른색 천 얼굴 가리고 도마 위 생선처럼
꼬리만 펄떡이며 긴장하던 몸부림

철거덕대며 돌아가던 도구
간간이 신음 소리 새어 나오는 곳에는
저무는 세월이 날카롭게 들락거렸다

낙엽 같은 슬리퍼 소리로 내 앞에 선 얼굴
세상이 갉아먹은 몸뚱이 재건축 바람에
두 손이 흠뻑 젖었다

동행

하늘 품은 바다 은구슬 쏟아낸다
목선은 번득이는 비늘 몸에 바르고
뱃전에 내려앉은 노을에 시음(試飮)으로 의식한다

어부는 쑥국새 찾아온 날에도
그물을 손질하고 있었다
코바늘 가지런히
모래톱 갈비뼈 드러내는 날
푸른 등 위로 길을 내면 그물이 토해낸 짠물

버석거리는 해변 어금니 서로 붙이고
보이지 않는 불빛에 울음 삼키며
집을 향하는 어촌의 하루가 있다

모래펄 자리다툼하는 아이와 엽낭게
두꺼비집 허물던 파도 일그러진 목수의 설움
바싹거리는 입술에 눈물도 얹혔다

봉수대

아미산 원통형 굴뚝
평생 하던 일 접고
산악인 길잡이로 이직했다
철제 의자 앞에 두고
휴식 동반한 이 시대 일자리

산 아래 흔적 아련한 지게 길
산 자도 죽은 자도 떠나지 못하는 비탈
작은 암자 염불 소리 슬프다

스카프처럼 품고 다닌 그대의 마음, 지금
어느 산으로 이직해 앉은 것인지
날마다 정 쌓으며 거닐던 나날
때때로 기다려지는 불같았던 그때
나에게 파발마는 잊힌 불꽃이었는지
홀로 올라가는 그 길은 외로움이 동반하고
그 사람 떨쳐 버리지 못한 무게는
수루에 앉아 신기루의 상념에 잠겼다

달빛은 휘영청한데

마을버스

노인의 퇴근길은
언제나 마을버스 막차
쥐기에 번진 홍주 삶의 피로 묻어져
휘청거리며 찾아가는 경로석

습관적인 무임승차
날카롭게 강요하는 하차
위협 받는 긴장감

막판 기氣 싸움 주머니 속 교통카드
억울한 듯 삐리릭 결제되는 순간
승객들 삽시간 웃음으로 소란스럽다

초점 없는 시선 실낱같은 자존심
"웃지 마라. 정든다.
너희들도 나처럼 살아 봐라"
버스는 별밤을 휘청거리며
할아버지 허리처럼 굽은 길을
아슬아슬한 코골이와 함께 몸을 흔들며 가고 있다

내 안의 타인

며칠째 여행의 여독에 깨어나지 못한
애잔한 사랑 노래에 지친 가슴을 다독인다
그와 내가 일탈의 순간에 무언의 전율 가슴에 남기까지
추억은 추억이 아닌 동행인 것이다

자연을 탁발한 바랑 속은 푸짐했다
오색약수 길어 온 물로 찌든 육신을 씻어내고
망루에 올라 먼 길을 하염없이 쳐다보면
나는 그 자리 그는 벌써 길 없는 길을 앞서가곤 했다
말없이 히죽이는 그 넘치는 용기 그렇게,
가을이 벗은 옷 얼음장 밑으로 씻어 떠나보낸다

찬바람 막아선 몸 위로
낮달 구름 없이 거머쥔 창공
탄성 소리 옆으로 들어선 눈물 위한 성장통
어느 시인의 버리지 못한 벨 소리
부질없는 비움의 무게

낮달마저 속 비우고 따라온다

요양원에서

고샅길 언덕 아래 가을이 앉아
억새풀 노을빛에 온몸 흔든다

들녘이 보이는 산 아래
맑고 고운 비탈 논둑
호미 쥔 할머니 등 타는 풀벌레

어머니 요양원 들어가던 날
미물에게도 몸 내준 삶은
휠체어 의지하여 흔들리며 닫힌 자동문
주위는 온통 황금빛 출렁거렸고
아스라이 바다 귀퉁이 푸르게 보였다

석양 안고 흔들어 주던 손사래
몇 번의 가을이 지나
만추 속 물방울 맺히는 그리움
요양원은 빈자리를 만들었다

꽃 피울 날 기다리기만 한 삶

자드락길을 거닐며

승학산 억새 흩날리는 정상
여름날 찾아 보듬고 왔더니
어느새 지접에 흰머리 흩날린다

하루 일 다한 서산 처다보다
기러기 뒷모습 따라가면
내게도 돌아가고픈 날 많았었다

그리운 이에게 웃음 보내고
돌아가 안주할 수 있는 곳
침묵한 산 말없이 주위만 맴돌아
풍경들도 그냥 그 자리를 지키고 있었다

내 속에는 남모르는 병 도지고
주일이 멀다며 떠돌이로 기웃거리다 보면
찾아주는 바람이 있어 위로가 된다

철철이 돋아나는 역마살 안고
화타*도 모르는 의술

에둘러 처방전 손에 들고서

※화타: 중국 한나라 말기의 명의

존재의 의미

하늘길 맑아
떠나보는 나들이

등 굽은 촌로
뒷모습이 사과만큼 익었다
간밤 내린 별들이 아침
노인의 어깨 위로 가득하다

개천에 핀 갈대들의 휘파람 소리
눈을 감아도 손잡아 앞서는 거리
한때 억새인지 갈대인지
우기던 그때가 그립다

폐교 담벽 각질로 떨어지는
담쟁이의 야무진 발톱
절벽 오르던 날개도 떨구었다

안간힘으로 잡고 싶던 사람
잡은 손 놓아줄 용기

순간, 한 뼘 크는 자신을 보며
사랑의 문패를 닦는다

은하수 길

나뭇잎 떨어져 돌아서니 그믐밤이다
마음에 둔 지인과
어느 때 글서 서닐닌 곳을 찾아 떠났나

침묵으로 만든 길
계절을 잊은 태화강 숲은 물소리에 세월을 잊고
비움으로 털어내던 가슴앓이
서로에게 얼레 없는 연줄만 당기던 곳

은하수 머리에 이고 기도한 날들
코끝 붉히며 싸락눈에 새겨 둔 발자국 간 곳 없고
추억만 아프게 남아 있다

갈림길에 두고 떠난 미련의 무게
풀벌레 물고 간 노랫가락
객석에 앉은 바람 속절없이 흐느낀다

보도블록 틈 사이에 핀 꽃

돌 틈 사이로 햇살은 희망을 심는다
사랑으로 강인함 키우는 모성애
민들레 노랗게 꽃 피워 웃고 있다

시샘 바람 움츠린 거리
바지 속으로 스미는 한숨 속이 아리다
한순간도 삶의 동아줄 놓지 않았던 꿈
아프게 피워 낸 희망이 웃고 있다

등 휘어지도록 붙잡은 갈망
허름한 담 마른 이끼 펄럭이던 가난
어머니의 낡은 치맛자락은
쉴 새 없이 노동의 거리를 쓸고 있었다

물집 잡힌 침묵으로 다독이던 담금질
기다림 끝으로 꽃대 올리기까지
저 잎들은 밟히고 찢긴 몸
어깨의 생채기 훈장처럼 돌집은 바치고 있다

남부 해수욕장

파도가 달려와 잡았던 손
슬쩍 미끄러지듯 놓고 돌아서면
~~사랑은 추억에 홀로 서신다~~

머물지 못하는 사랑
아쉬움 쌓인 둔덕에 올라
가슴에 파 놓은 길을 들여다보며
어디쯤 숨어 있을 미련을 찾아
신발 적신다

슬픔이 빚어낸 음률
구르고 구른 소리 하늘로 올라
별의 음표로 쏟아진다

아우는 많은 날들을 헤매었다
꿈을 싣고 온 날 잊지 못한 채
별을 노래한 그 사람 발자국을 찾으며
저물도록 침을 삼켰다

파도는 얼마큼 더 살아야
저 별과 손잡을 수 있을까

해운대역

바다를 기댄 해운대 역사
동해 남부 긴 여정에 두 다리 뻗어 휴식을 강요받았다
한때 기적 소리에 가슴 설레던 곳
바닷바람 비린내 뿜어내고 하늘도 바다를 닮아가면
두 어깨에 깨꽃을 피우며 즐겁던 날들이었다
빈 바퀴 굴러 세우던 입영 열차의 애환
기적 소리 사라진 곳 비둘기 떼 기다림에 해 저문다

해변의 추억을 움켜쥐고 선 자리
노인들 틈틈이 손 내미는 뜰에는 비둘기 떼와 먹이 쟁탈전이 일어난다
젊은 날 청춘들이 나누는 정보다 더 애절한 기다림
파도가 출렁이던 백사장 녹슨 선로 위 세월을 쌓는다
떠난 사람의 목소리 아스라한 메아리로 서성인다

불쑥 찾아오는 그 사람 무형의 그림자

창문 열어 내다보는 허공의 망상
얼마나 더 당겨 싸워야 남이 될 수 있을까

저 지대방에 그림자로 남은 이는 누구일까

간디의 신발

누가 간디의 신발을 훔쳐갔을까

승무고속도로 길옆
몇 년째 뒹굴며 기다리는 구두 한 짝
매연이 덮인 길 위 안주安住한 탕자
투쟁도 독립도 아닌 삶
일상을 나눈 것도 시작도 아리송한 모습
서로 떨어진 이별 타령
내 눈에는 간디의 신발로 보여
순간, 나는 아나키스트가 된다

벗겨진 한 짝의 신발
던져내던 긍정의 의미와 빈곤의 현실
영락공원 가는 갈림길이 보이고
길고 오랜 생각 데불고
혼자만의 상상이 하늘을 날아오른다

도로의 청소차 바람 일으키며 쓸어 담는 무게
신발 두 짝이 통 속에서 드디어 만났다

행복의 시작이다 염원의 깊이다
간디의 아나키즘을 생각하며

회동 저수지

호수는 냉가슴
많은 이야기 담아 안고
심술은 풍덩 돌팔매도 깨운다

물새도 놀라고 타인들도 돌아보고
멀뚱히 숨겨 둔 내숭
도란도란 그 속으로 보낸다

인정은 곳곳에서 모여들고
삶의 굴곡 휘어진 길
신발 흙 분으로 보답을 한다

시간을 외면한 외출
해는 산 그림자 찍어
호수에 보내고
간간이 비추던 내 모습
그림자 속에 숨긴다

지하철의 갈매기

뜀박질로 올라탄 지하철
앉은 사람도 선 사람도 요지부동이다
비집고 들어선 여인의 향내 맡으며
부산 갈매기 소리 듣고 있다
몇 정거장 지나면
사방을 차단한 문으로 갈매기는
하늘을 향해 날아갈 것이다

언제나 차고 비워지는 궤도
콩나물 뽑아내듯 떠나는 사람들
시간은 빈 좌석에 홀로 덜컹이며
어둠을 향해 화장품 냄새 따라 떠난 지 오래다

빽빽하던 사람들은 보이지 않고
노인의 긴 지팡이는
밤안개 겹겹이 쌓인 골목길을
갈매기 등에 업혀 내려선다

여름 바닷가

다대포 바닷가에
에덴의 동산이 도착해 있었다
한낮 불볕너위도 모래 훅
전신에 걸치며 북적거린다

사람들은 나뭇잎 같은
최소의 가림에도
누구도 태초라 말하지 않고
자연을 안고 즐기며 하루해 넘긴다

한곳에 고정된 시선 눈 비비며
저 미끈하고 근육질 넘치는 젊음에
이상형을 만난 듯

볼품없는 자신을 숨기며
허풍만 치는 용기 출렁이는
해변의 풍경에 몰입한다

무더위가 만들어 준 자유

약간의 시대적 흐름에 동참한 용기
염치와 부끄럼도 잠시 잊은
헐벗은 자연인이 되었다

들꽃의 외출

제3부

빨랫줄

바지랑대 기댄 허물
햇살에 내다 놓고 사물놀이 한창이다
두드려 삶아낸 고다디기 후련히 딛고
두 팔 벌려 우쭐거린다

연약한 근육 휘청이며 시작한 줄타기
핫바지 모시 바지 고쟁이
어울려 펄럭이던 놀이마당
그림자 저들끼리 손을 잡았다

볕 길어진 울 밑 숨겨진 호박씨
싹 돋아나라 엉덩이 달래고 온 호미 자루
덮어쓴 움* 훈기는 구슬 놀이한다

할머니 휘어진 등 위로 지나가는 바람
빗어 넘긴 세월 뒷산 아지랑이 되어
할머니 환한 웃음 빨랫줄에 걸어 놓고
햇살 따라 떠난 자리

호박 줄기 무성히 울과 담을 안고 있다

※움: 땅을 파고 위에 거적 따위를 얹어 비바람이나 추위를 막
  은 막

보랏빛 나팔꽃

소한小寒 넘겨 사랑 피운 막둥이
휘어진 담장 힘들게 올라 시집갔다

실 줄타기 수십 번
휘청거리며 안간힘으로 단장한 몸
돌 틈 비집고 손톱 크기 아기 꽃
지평을 향해 웃고 있다

성실한 생각 된서리 염려로
삶의 생채기 뚜렷이 남긴 상처
굳건한 의지 하나로 일어선 용기
그 아픔 위로 활짝 피운 웃음

바람 부는 날
작은 씨앗 잉태한 주머니 강보에 싸여
하늘을 열었다

소라의 전설

그는 대문을 열어 놓고
색소폰이 되어 떠나고 싶었다

속 비우고
긴 속살 내밀어 후련히 여장을 풀고
양심에 부끄럽지 않은 제 속을 파며 빈 껍질 방패 삼아
세상 향해 가슴으로 노래하고 싶었다
홀로 짊어진 고난의 행군을 체험하며
엄마 등에서 칭얼거리면
뽀얀 젖내가 돌아 나오는
영혼의 부름이 배어 나온 따뜻함을 그리며
아련한 비움도 화려한 그리움도
만족하지 못하는 현실에서 채움의 허전함이 부질없음을
가난과 배고픔이 동반한 외톨이라는 걸 비로소 알았다

혼을 뱉어 내던 사랑이 그립다

산수유 마을

구례 산동면 산수유 헤치는 소리 들리면
산허리 흰구름 바쁘게 찾아오겠다
플래카드 펄럭이던 팻말 따라갔던 그때처럼

북적이던 골목
좌판 위 붉은 열매 손님맞이하고
개울가 너럭바위 휘어진 버들강아지
닿을 듯 말 듯 쓰다듬던 등
그 사람 체온 흐르던 손길
몇 번을 찾아가도 그대로인 마음

버선 발자국은 외로움만 남기고
길 커피 나누며 쌓아 가던 추억 떠날 줄 모른다
봄볕은 진행형
버들잎 물길 따라 떠가고
오지 않은 사랑은 길 재촉한다

옷 수선

옷장 정리하던 날
불룩한 살점을 잡고 쳐다보는 허물
구석자리 쌓이는 옷가지들
미련 때문에 떠나지 못한다

그 사람과 마음 나눌 때처럼
서로에게 들러붙어 떠날 줄 모르던 시간
비바람 막아 주며 같이한 동반자
눈빛 맞추며 거실에 불 밝히고
재생해 보자며 수술대에 올린다

계절이 바뀌어 마음도 바뀐 변덕
돌이켜 생각해 보니 첫 만남 품었던 생각
바늘에 실 꿰어 낡은 곳 봉합하고
작은 상처 보듬어 성공한 수술
새 얼굴 드레스 걸치고
동네 어귀 슈퍼마켓 창문에 비추이는 내가
자랑스럽다

선인장의 가시

동네 어귀 자리한 화톳불
이웃 마음을 태우다 남은 불씨 한 톨

프로메테우스의 숭고함
제우스의 역린이 된 형벌
코카서스의 사슬로
독수리를 살찌운 통한의 세월

불씨의 이야기 이승에 꼬리 달고
멀고 먼 길을 끌며 가고 있다
가슴속 신화는 책갈피 접힌 채

살점 뜯기우는 강한 이별
모년 모일 그녀의 눈물 젖은 수건
칼바람 소리

사막의 침묵은 일상을 잠식시키며
가슴에 묻어 둔 넋 놓고
텅 빈 곳에 차려진 술잔 속에 울음 따른다

들꽃의 외출

정갈한 옷 차려입고 찾아간 변두리 식당
먼저 핀 이야기꽃
화원에 운집한 갖가지 향기에 매료되어
입꼬리 올라간 벗들의 화사한 표정
그들도 아스팔트 속에서 싹 틔워 꽃 피우는 삶을 산 것이다

황혼을 받아들인 세월
끼리끼리 추억을 들추어내는 열정 흐르고
어떤 이는 정감 있는 사투리 투박한 억양으로
한바탕 웃음 자아내는 비밀의 언어들
그 여운이 쌓여 한 자락 가락으로
악보 없이 타는 악사 같았다

푸근하고 느슨한 순간들이 자양분이 됨을 안다
떨칠 수 없는 향수
가슴에 덮어 둔 뚜껑을 열어 보듯
그 향기 어우러진 생활에 윤활유가 된 것이다
박자도 리듬도 없는 왁자지껄 즐거움뿐

그렇게 익어 가던 시간 속 흥청거리던 어깨 내려놓으며

웃음 뒤 만남은 뒷심 지고 너무 떠났다

손가락 걸지 않은 훗날의 약속을 철석같이 믿으며

가을 강변을 바라보며

서산머리 노을에 얼굴 붉히며 흔들렸고
어둠은 한 발씩 그 곁으로 다가왔다
붓끝 지나간 자리 한 뼘씩 주위를 감추었다

강변에 기대선 중년의 외출
지나가던 나그네 발길은 이미 강물 속인데
흔들리는 억새 사랑이 익어 간다
마른 잎 옷깃을 펄럭여도 미동 없는 저 물은
어떤 이야기하고 싶을까

찬바람이 한 통의 소식 전한다
얕은 물 겸허히 자갈돌 비켜 흐르고
아스라한 염불 소리 그곳은 아직도 빈자리
때때로 낙엽이 찾아오고 바람도 쉬어 가지만
외로움만 차곡히 쌓인다

등으로 들어찬 바람에 가득한 사랑 담아
강변 바윗돌에 앉아 긴 시간 보내고 싶다

염전

울 낮은 바닷가
볕은 살을 파고들어 몸을 달군다
짠물로 침짐의 생을 골러
여염집 고을에 삶을 승화시키는 꽃

사랑은 달콤함만이 있는 것이 아니다
생명의 염원이 기도에 앉은 고통의 결정체
태양이 잠들고 고무래가 찾아가는 자리
하얀 꽃송이 털며 집을 향하는 염부鹽夫의 삶

어느 곳인들 갈라진 손 숨기고
길 떠나는 삶에 바람 막을 일 없을까
가슴에 담고 가는 삶의 갖가지 모습

산비탈 하얀 꽃송이 담아내는 둔덕처럼
울음 섞인 길가에 피어나는 풍요와 기근
주름진 손등 사이로 흐르는 생의 애환

우포늪에서

입동 지난날
물풀들 움츠린 늪 한낮 태양의 다독임에 생기를 얻는다

풍류 즐기던 선비의 그림자도 자리를 뜨고
하늘 향해 보초병만 세워 두고 바닥에 누웠다
무성하던 갈대와 삿대를 거머쥔 어부
동여맨 망태는 물먹은 바람뿐
생명이 잡아 둔 빈 배
고물은 출렁이고,
물비늘 거스르지 않으려 안간힘이다
뜨겁게 찰랑이던 우리들의 이야기

절룩이는 바람은
침묵하고 마른풀을 밟으며 망중한이다

가을 산

불붙은 산마루 뛰어내리는 단풍잎
사랑은 타고 남은 통점의 묘원이 되어
넋섞과 이별을 사고 있다

삭정이 허물 벗겨진 속살 아슬하게 떨구고
꿈꾸던 일상 위로 받고픈 젊음
그는 아픔이고 나는 아름다움에 펄떡인다

사랑과 아쉬움을 한 가슴에 담아
마음 깊은 소반에 간직하고
아름다운 것만 이별에 담자
그는 그의 색깔로 떠나는 것

단풍 능선 올라설 때
등 밀며 따라오는 어제의 나를 만났다
굵은 밑동이 잡고 있는 산처럼
그렇게 선자리가 되고픈 기대
한차례 지나가는 바람 신열 오른 몸
씻어 가는 추위를 맞는다

진부한 긍정

벚꽃 떠난 자리 곁으로 이팝꽃 만발하였다
거리마다 어우러진 생각
이웃들 발길을 잡고 있다

마음 닿지 않아도 계절은 찾아오고
정성 들이지 않았지만
꽃은 아름답게 거리를 장식한다

마음 잡아내는 요염
대지는 강요도 방관도
그저 묵묵히 자기에 충실할 뿐
잎 펼쳐 하늘을 쳐다본다

퇴색된 시절
안간힘으로 찾아보는 푸르던 시절
몸으로 받아 낸 질서와 열기는 한나절 짧기만 하다

밤마다 유배지로 떠나는 나는
이름 모를 고을에 앉아 떨리는 붓을 들고
구걸에 나선다

정원의 달

작아진 그림자 밟으며 정원을 서성인다
약속은 씩씩거리며 어깨를 차갑게 후려치고
성밀은 말없이 지켜보고 있나

무성했던 계절 돌아보지 않고 떠난 자리
홀가분한 버리기에 쓸쓸함이 짙어지니
문풍지 홀로 받아내는 세월 가는 소리
맨발로 뛰쳐나와 쳐다보던 하늘
환한 이야기 담아 주던 날들이 있었다

고향의 하늘은 쪽마루에 앉아 기다리는지
매연에 가려진 계절 일상을 탓하지 않고
나뭇가지에 앉아 바람의 공연을 관람하는 시간

따뜻했던 손길 놓친 추억은 발걸음 돌려
소식이 없고
달빛만 가지 사이에 앉아 커튼콜 기다린다

허수아비

뻘논 올곧은 한생
노심초사 마름 일 앞만 보는 뚝심
자기 할 일에 가족 얼굴 잊었다

황금 들녘 들이킨 성실한 동반자
방하放下로 지키는 한결같은 화두
간짓대 지층에 굳어져 있다

청백리淸白吏 소신 일생
아버지의 밀짚모자 양팔 벌려 먼지 날 일 없는
무소유 맑음이 들녘을 누빈다

곳간 가득한 계절 목소리 잊은 성실함
된서리 추위에 주춤인다

봄볕

투명 유리 뚫고 들어온 삼월의 햇살
현관의 마른걸레 위에 앉았다

어미 품속으로 병아리 쫑쫑거린다
걸어 둔 현관문 코로나가 막아서고
식솔들 마주한 자리 침묵이 깔린다

차단된 울타리 하루에도 몇 번씩
엎치락뒤치락하며 보낸 시간
아직도 해는 중천에서 기다린다

집집마다 한숨 소리 가득하고
들불보다 빠르게 창궐하는 두려움
봄볕은 눈치 없이 아이들만 불러낸다

초승달 따다

잿빛 서늘한 초저녁 하늘
장대 걸어 슬쩍 내 집에 데려온 눈썹달
우리 손녀 아미에 방점 찍어
살포시 거울 앞에 앉혀 두고 제 것인 양
달님 이야기 시간을 늘어놓는다

숟가락만 한 얼굴 까만 눈동자
가끔 산토끼처럼 깡충거리는 행동이나
어깨를 토닥이는 애교 건조한 사랑 반죽하는
때묻지 않은 일상 무엇을 더 바랄까?

강요하지 않은 고집과 거침없는 울음 앞에
명약같이 흐르는 피붙이의 행복
아침 이슬 거두어 두 볼에 바르고
앵두 송이 물어내는 입술

간짓대 숨겨 두고 한아름 사랑 챙겨
어화둥둥 밝은 표정 어부바로 덩실거린다

타인의 인연

주말 휴식을 평상에 펼쳐 놓고
인연 당겨 느린 걸음 옮긴다

가슴에 열정이 올라서면
따뜻함에 설레는 성장한 내가 되고 싶다
밤 깊어 가는 하늘에는 별들이 모여지고
울 옆 달맞이꽃 담장에 올라 기웃거리면
풍선 속 이야기 처마 위 둥실거린다

새벽이 짧아 떨구지 못한 얼굴들
책장만 넘기다 꽁무니 빼는 어설픈 줄거리
해학과 재치로 뭉쳐 기원한 꿈풀이

뜰에 놓인 술잔이 말쑥하게 씻긴 시간
모두의 얼굴에 하얀 박꽃이 피었고
예견하지 않았던 즐거움에 돋을볕 올라선다

낙동강의 저녁 풍경

노을이 떠난 자리 낮달이 뜨고
터질 듯 숨겨진 사랑
온 하늘 칼에 베인 듯 핏빛이 낭자하다

강물은 덩달아 첨벙이며 흥을 돋우고
왜가리는 저녁상을 물리지 못해
발목 잠긴 물을 틀며 응시하고 있다

어둠 몰아내는 기슭
줄줄이 불을 켜 거리를 밝히고
황혼의 이야기는 뭍으로
올라올 준비를 한다

암자에 기댄 목어의 이야기
밤을 훔친 죄 살생 촉 등에 꽂고
강물에 하직 인사하니
하나는 웃고 하나는 황천길이 되었다

제4부 달팽이의 기도

석탑 위에 뜬 달

범어사 상수리나무에 걸린 달
휘영청 속 들어낸 자리
푸닥하 나를 넛내나

실루엣 안개
주련 걸어 두고
월하의 여인을 생각한다
다가갈수록 멀어지는 성채
긴 그림자
발아래 떨구기 두려워
서성거렸다

언제쯤
그대 환한 얼굴 다시 볼는지
조율에 스스로 현이 된 여인
구부러진 길 세워 걷기는
눈물겹다

어슴푸레한 골목에 기대어

공양간에서

밤안개 들렀다 가는 암자 줄지어 기다리던
새벽 공양
바닥에 차려진 조식
짠지 한 조각 의지한 주먹밥 앞에
가난했던 옛 생각에 한참을 침묵했다

용맹 정진 커튼 펄럭이는 창 너머
하루를 시작하는 지붕들이 내다보이고
솔향 목마 태우며 선걸음에 달려오는 염불 소리
나는 그 많은 인연들을 생각하며
골 깊은 산중에 앉아 염주를 돌리며
비워지지 않은 언어를 담아낸다

무거워지는 업의 무게
어느 것 한 가지도 내려놓을 수 없었던 진실
두려움과 비움이 욕심임을 알았다

새벽 예불은 염원을 안고 길 떠나고
여명은 안개를 산봉우리까지 전송하였다

공양간 빈 그릇 부딪히는 소리
잠든 산천을 깨운다

왕거미

초가 추녀
드림줄 잡은 왕거미 노을 보이는 서편에 안주했다
아이 울음소리 엄마 찾아 부엌으로 들어가는 저녁
이엉 끝을 잡은 감말랭이 대롱이며 익어 간다

대문 밀고 들어서는 아버지
함지咸池로 돌아오는 시간
마당에 드리운 낚싯대 걷고
식구들은 행복한 그들만의 우주가 된다
시렁 위 토우가 웃고, 언제나 같이한 싹들은
이름 없이도 싱싱하게 어우러져 있다

바람 부는 창공을 유심히 바라본다
코스모스 출렁이던 길 물풀 말라가는 건기
생명의 신비로움
하루를 인정하며 힘찬 용기에 허리를 편다

세상은 서두르는 것보다 지켜보는 여유 속에
새살 돋는 삶이라는 것을 배운다

무인 찻집

안개비 찾아온 날
허름한 이층 찻집에 정박했다
유리창 사이 붓꽃은 이야기 였느고
찻잔에 익어 가는 소담한 언어 탁자 위 한가득

샛강을 따라 청갈대 싹 틔워
논병아리 줄지어 울력 가는 무인 찻집
노을빛 아름다움을 벽면 가득 붙여 둔 문우들의
휴식

빗방울 올라앉아 정원의 수국을 보며
한 줄의 시어에 잔을 채우는 여유
투명한 사연 허물 벗은 사람들도 풍경이 된 시간
나는 기억하고 있다

안개비 동행한 날 차향 따라 찾아온 길
환한 미소로 이층 계단 들어서는 소리에
귀 기울이는 만남

불타는 자작나무

북방 산비탈
한겨울 내내 초상집이다
웅웅거리며 소복 입은 골짜기
줄 선 눈 비탈 구경꾼
휘어진 길마다 추억과 꿈 줍기에 신난 영혼들

물어물어 찾아온 먼 길
털모자 씌운 추위 상투 위 눈꽃 피운 원대리 자작나무 군락
흰 광목을 펼쳐 별 내림을 하고 있다

솥 아궁이에서
자작이며 울었던 슬픈 이름
윤회의 헐벗은 북방의 초상집
한바탕 분위기 잡아 겨울을 덧칠한다

가을이 숨겨 왔던 불타는 겨울

거기 뉘 없소

연서

탁류 어우러져 모인 낙동강 하류
강서구 대저동에 앉은 맥도 공원
십 리 둑길 벚꽃이 만발했습니다
꽃잎 날리고 청춘이 비상하는 곳에는
줄을 선 긴 행렬
봄볕을 맞는 여유를 가집니다

계절이 변하기 전에 서간書柬을 띄우고
일상의 소소한 이야기 보내며
넘실거리는 강둑의 풍경에 동화되는
한순간이라도 활기를 주고 싶습니다

가시연꽃은 잠을 자고 부처꽃은
누군가를 기다리는 그곳
그대 곱고 아름다운 꽃밭에서
즐거워하는 모습 보고 싶습니다

당신을 생각하며 어젯밤에도
당신의 어질머리 서성이며
화살기도를 띄웠습니다

태풍

기어이 지나가고야 말았다
아픔만 남겨 놓고

사랑 같은 열정으로
모든 것을 할퀴며

그 사람 떠날 때도 앓아누웠다
초토화된 가슴을 쓸어내리며

그대만을 생각하며 치유해야 할
돌탑을 쌓으며 푸른 하늘 바라본다

큰 물

강변 가로지른 돌다리
운문 댐이 만들어 놓은 차단된 길
시린 반능 부신다

어느 해 어깨 치고 올라온
마구잡이 흙탕물
깔딱이는 목숨에
아량과 위로 없이 휩쓸어 가더니

급류에 물 먹으며 울부짖던 날
큰 물은 돌아보지 않고 친구 데려갔다

언니네 명절날은 수십 년
빠지지 않고 찾아오는 과일 상자
그 속에는 큰 물이 남기고 간
옛 친구 목소리 들어 있다

얼음 둥지

신기루의 화신으로 머물다
흔적만 남긴 아련한 이름
홀로 떠난 불귀의 자리 어디쯤 가고 있는지

그리움 만면에 가득하고
아픔은 빙점 위에 서 있다

시련은 견딜 만큼 머물다 간다는데
몹쓸 고통 깊어 올라서지 못한 날개 접어 떠나고
사랑은 무말랭이처럼 허공을 쳐다보고 있다

남겨진 골목길 추억이 깔려 있고
천진한 눈동자 간간이 눈시울 붉히며
참아 가는 가슴 얼음 되어 굳는다

먼 산 둥지 엄마 기다리는 아기 새

존재의 이유

소낙비 쏟아지던 날
여인을 태운 차 너덜길 오를 때
슬픔도 같이 앉아 몸을 흔들고 있었다

파리한 모습으로 앉은 산방
어긋난 인연에 새 비늘 돋고 있는 중이다
석불은 말없이 가슴만 내주고
청산은 녹초 된 몸 달래 주기 바빴다

법당 문 굳게 닫고 퍼부었던 속풀이
추녀 끝 풍경 소리 입 떨어진 여인
"그래 별것 아니야 이것은 아무것도 아니야"
고뇌 털고 운무 떠나가는 산을 쳐다보았다

세상 번뇌 몰아내며 흐르는 청수
청갈대 몸을 씻고 하늘은
구름을 걷어 가고 있다

화엄사 홍매화

봄은 구례 화엄사 뜰에 머물러 있다
홍매화 꽃에 취한 사람들
스스로 홍매화가 된다

피고 지는 기다림은 몇백 년
뿌리 깊은 올곧은 마음
절집 수행자 망부석 눈썹이 무겁다

지난 북풍한설 어찌 보냈는지
긴 안부를 묻고,
전언에 의하면 신열 오른 스님 창밖만 멍하니 바라본다
보름 전부터 앓이하던 내 가슴
붉게 터져 세상과 조우했네
부처님도 무언의 눈짓을 한다

큰스님 다독임에 달려들던 한 생각
여럿이 먼 길 찾아와 보니
붉은 피멍 맺힌 수행이 꽃이 되어 아른거린다

도란거리는 따뜻한 이야기
매화는 손님맞이 한창이다

서운암의 풍경

솔바람 마중하는 통도사 서운암
정갈한 마음 다잡으려 전날부터 잠을 설쳤다

영축산 골바람 아장거리며 나서고
매화나무 물 올리는 몽우리
이웃을 깨우며 언 땅 녹인다

큰스님 기다리며
여기저기 선 자세로 침묵하는 겨울
새벽은 아직 오지 않았다

내당 병풍 속 합장한 금강산의 불심
온돌방 장판지 넓게 반들거려
한바탕 구르며 놀고 싶어
몰래몰래 발을 비벼 보기도 했다

길손은 스카프 받아 목에 걸고
문밖을 나오니 영축 바람 손 내밀어 탐을 낸다
어르고 쓰다듬으며
한껏 멋 부린 발걸음 푸짐하기만 했다

연꽃

수중에 감춘 몰아의 경지
화두에 피어나는
뻘밭의 용맹 정진

투명하고 맑은 물
내 안에 앉아
열반 향한 공양으로
금동 할배※ 앞에 합장했다

진자리 딛고 선 고결함
임의 품에 안겨
사바 속 향기 뿜어낸다

※금동 할배: 금빛 부처님

사리암 계단을 오르며

호거산 휘어진 돌계단 올라
그믐날 만났던 운문사 사리암
나반존자 품속 추위 가는 줄 몰랐다

잎 떨어진 산줄기 수심 없이 잠들고
목탁 염주도 정좌하고 앉은 고요 속
해우소 부름에 매서운 바람 돌아치던 시간
서늘한 외진 길 가슴 다독이며 쳐다본 별빛

칼바람 담금질은 어머니 기도 다그치고
돌마루에 엎드려 소원성취 헹군 가슴
긴 밤 고집하시던 오체투지 열성의 정진
사랑은 가슴속에 얼마큼 차올라야
발걸음 가벼워질까

돋을볕 기다리는 속세 길 가로등 졸고
무상無常 앞에 꿇은 무릎
임의 품에 건네준 숯검댕이 한아름

초승달을 보며

어둠이 불러온 낮달 붉게 손질하는 눈썹
넓은 하늘 벽에 걸어 둔 붓
온통 그리움에 숨멎이게 하였나

붓끝 가장자리에 앉은
화두의 진실 무언의 이야기는
무수한 마음을 모으고 소멸시키며
찰나에 도착한 가슴에 그리움이 담겨
강물 같은 손으로 어깨를 토닥인다

때묻지 않은 흙먼지 밟고 돌아오는
모나리자를 찾아가는 먼 하늘
눈썹을 그리는 화공畵工
가슴 저미는 사랑을 만들어 보듬었다

때때로 초승달만 보아도 울컥거리는 갈망
참아내는 익지 못하는 언어는
어느 거리를 배회하며 헤매는 것인지
아직도 도달하지 못하는 오작교
은하수는 다리 공사 중이었다

마음 나누기

부처님 도량을 비켜 앉은 만리향 한 그루
우윳빛 꽃 피우며 젖어 드는 향
산비탈 경사로에 올라
후들거리는 발길 내려놓고 긴 호흡 여유를 더한다

법당 문에 귀 기울이며 조석으로 듣는 설법
어느 곳 막힘이 있을까
고개 넘어가시는 노 보살님
부처님 찾는 아미타 정근
바랑 무게 간곳없이 발걸음 가벼우시다

나무는 꽃 향 나누기 부처님 불법 나누기
나는 무엇으로 동참하는지
어리석은 욕심 화두처럼 생각나
부끄러움만 남는다

오가며 담아 가는 무거운 욕심
올라선 고갯마루에 번뇌만 쌓였다

달팽이의 기도

번갯불 번득이는 독방
잉걸불에 무상을 깔아 둔 세월
궁둥이 털고 일어서 어깨 빠져나온
제행무상

봉창문 열어 싸리비
시름하는 풍광이 한세월이다

도량 거닐던 스님의 장삼
할배 나이보다 더 짙게 물들어
미열로 번진다

무릎 세우지 않아도 마음은 허공을 달리고
한세월 넘는 토담 달팽이
죽비로 달래 보는 마음 더디기만 하다

먹을 갈며

주상절리
다각형의 기둥 속 검은 촉수
책상 가장자리 웅크려
문밖을 향하여 날아갈 준비에 꿈틀거리고 있다

어떤 것은 주워 온 것이고
어떤 것은 얻은 것
어떤 것은 힘겹게 구입한 것이다

정담의 인연이 소중하여
심중에 오고 가는 이야기 세상의 언어로 덧붙이고
어딘가에 있을 그리운 이에게
서신을 띄우는 것이다

쓰고 지우며 나열하는 훈련
근육의 뼈대 세우는 병정들에게
날카로운 칼이 다시
무딘 언어를 깎아낸다

하회 마을 탈놀이

서낭제 속풀이 하회 마을 들썩인다
골목마다 펄럭이는 가사 장삼
구경꾼의 목짓 웃음 해님이 잊었나

갓 쓴 양반 담뱃대 길게 물고
팔자걸음 거들먹이는 여유
패랭이에 굽어진 허리 타고 내려온 삶
한세상 애간장 바랑 속에 따라간다

할아버지 계시던 사랑방
문중 어른 도포자락 휘날리며 찾아오신 날
행여나 촉잡힐까
규방 문 닫아걸고 훗날 규수 점찍어
높은 기와 담 얼굴 내민 능소화로
뒷모습에 인사하던 기억

탈바가지 속 신명 나는 가면놀이
히죽거리는 눈높이 한바탕 꿈
뒷짐 진 할아버지 다니던 골목 안
두루마기 펄럭이던 모습 잊은 지 오래다

무풍 한솔 길 걸어서

영축산 입구 가벼워진 발걸음
바람과 어우러진 여인의 치맛자락
간절한 불심 따라온다

통도천에 발 담근 버들강아지
유두 내밀어 봄을 부르고
산비탈 기대며 구경하는 청솔
언제나 푸른 마음 그대로다

깨알 같은 많은 바람
금강 계단 깊숙한 사리탑에 풀어놓고
합장한 코끝 아래 미소 달고 돌아선다

오늘도 약속했던 사랑 유효有效할까
곳곳에 걸린 햇살
대웅전 문짝에 걸어 둔 선덕善德
살포시 부처님 마음 담아 온다

이석란의 시 세계

해설

해설

선적禪的 상상력을 수렴한 깨달음의 서정시
―이석란의 시 세계

신기용 | 문학평론가, 문학박사

1. 들어가기

이석란 시인이 제2시집 『달팽이의 기도』를 세상에 내놓았다. 이 시집에 수록한 시 대부분은 선적禪的 상상력을 기저로 하여 삶의 깨달음을 진술하기도 하고 묘사해 나가는 수법을 채택했다. 이 시인은 선적 상상력을 통해 자신의 본성을 구명하고 깨달음을 향해 정진해 나가고 있음이 분명하다. 이에 더불어 개인의 정서적인 체험을 다양하게 노래하기도 한다.
 이 시집의 특징은 세 가지로 요약할 수 있다. 첫 번째는 선적 상상력을 바탕으로 한 깨달음의 시가 주를 이룬다는 점, 두 번째는 철학적 사유의 산물인 존재론적 성찰의 시를 비중 있게 수록했다는 점, 세 번째는 개인적인 체험을 바탕으로 한 주관적인 정서를 표현한 서정시를 함께 수록했다는 점이다. 즉, 선적 상상력과 철학적 사유를 수렴한 깨달음의 서정시로 엮어낸 시집이다. 이런 점을 고려해 보면, '선적 상상력을 수렴한 깨달음의 서정시'라고 요약하여 말할 수 있을 것이다.

선적 상상력은 불교적 상상력이다. 선(명상)은 불교의 실천 수행법이다. 석가모니가 선을 통해 사람들의 고통에 관한 깨달음을 얻었고, 마음의 평화를 얻었다. 다시 말하면 고타마 싯다르타 왕자가 세상의 고통에 눈을 뜨면서 고통스러운 수행의 길을 떠났고, 깨달음의 나무 보리수 아래에서 선을 통해 깨달음을 얻었다. 불타佛陀라는 존호尊號 자체가 '깨달은 사람'이라는 의미이다. 이 시인도 이런 깨달음의 목적인 해탈(비모카)로 나아가는 선적 상상력을 수렴하여 시화한 것이다. 이는 궁극적으로는 깨달음의 완성인 열반(니르바나)을 지향하는 염원을 담은 시적 의도이기도 할 것이다.

따라서 선적 상상력을 수렴한 깨달음의 시, 철학적 사유의 산물인 존재론적 성찰의 시, 개인적 체험을 바탕으로 한 주관적 정서를 표현한 다양한 서정시를 읽어 보고자 한다.

2. 선적 상상력을 수렴한 깨달음의 시

이번 시집에는 한자 관념어를 직접적으로 드러내는 작법을 많이 채택했다. 따라서 한자 관념어가 흔하게 등장한다. 불교의 신앙심, 즉 불심佛心과 관련한 목적성을 반영한 시가 주를 이루고 있기 때문이다. 목적시의 특성이라는 점에서 충분히 이해할 만하다. 그러면서도 관념을 직접 진술하지 않고, 이미지의 형상화를 통해 예술적 효과를 발휘하기도 한다. 이는 불심의 시적 상황을 구성하는 선적 상상력을 자극하고, 회화성의 미적 쾌감을 안겨 주는 다양한 기능을 수행하게 하는 묘사이다. 이를 달리 말하면, 진술과 묘사의 조화로움을 추구하고 있다는 의미이기도 하다.

번갯불 번득이는 독방/ 잉걸불에 무상을 깔아 둔 세월/ 궁둥이 털고 일어서 어깨 빠져나온/ 제행무상 // 봉창문 열어 싸리비/ 시름하는 풍광이 한세월이다 // 도량 거닐던 스님의 장삼/ 할배 나이보다 더 짙게 물들어/ 미열로 번진다 // 무릎 세우지 않아도 마음은 허공을 달리고/ 한세월 넘는 토담 달팽이/ 죽비로 달래 보는 마음 더디기만 하다

― 〈달팽이의 기도〉 전문

인용 시 〈달팽이의 기도〉라는 시는 선적 상상력을 수렴한 깨달음의 서정시이다. 시집 표제로 채택할 정도로 시적 완성도에 심혈을 기울인 듯하다. 느릿느릿 토담을 넘는 달팽이라는 객관적 상관물을 통해 서정적 자아의 더딘 깨달음에 관한 정서를 표현한다. 이는 서정적 자아가 달팽이와 기도라는 매개로 느림이라는 동일성을 유지하고 있다는 의미이기도 하다. 이에 죽비라는 객관적 상관물을 하나 더 겹쳐 놓고, 더디더라도 서서히 정진해 나가면 깨달음에 이를 수 있을 것이라는 선적 이상理想을 표현한다. 4연의 "무릎 세우지 않아도 마음은 허공을 달리고/ 힌세월 넘는 토담 달팽이/ 죽비로 달래 보는 마음 더디기만 하다"라는 시행에 주목해 본다. "무릎 세우지 않아도 마음은 허공을 달리고"라는 시행에서 느린 달팽이의 움직임에 관한 시각적 이미지를 역동적 공기 이미지로 전이해 나간다. "한세월 넘는 토담 달팽이"라는 시행에서 배열한 세 가지 명사의 이미지는 심미적 거리를 유지하면서 느림의 시적 정서를 매우 탁월하게 표현한 것이다. 즉, 느림의 상징인 달팽이를 '한가롭게 보내는 세월'이라는 느림의 시간성과 '토담'이라는 향토적인 공간성에 흙(대지)의 이미지를 겹쳐 놓음으로써 한층 더 느림의 정서가 강하게 읽힌다.

다시 해석하면, 이 시인은 느릿느릿 토담을 넘는 달

팽이라는 시적 대상을 세밀하게 관찰하여 타인이 구상하지 못하는 선적 상상력으로 더딘 깨달음을 겹쳐 놓았다. 이는 사물을 새롭게 보는 안목과 새롭게 해석하는 안목을 길러내는 시 창작 수련을 부단히 해 왔다는 증거이기도 하다.

  인용 시에는 가스통 바슐라르Gaston Bachelard의 상상력의 네 원소(물, 불, 공기, 흙) 이미지를 모두 장치했다. '달팽이'라는 물의 이미지, '허공'이라는 공기의 이미지, '번갯불, 잉걸불, 미열'이라는 불의 이미지, '토남'이라는 흙(대지)의 이미지 등을 잘 버무려서 선적 상상력을 발휘한 것이다.

  이를 다시 살펴보면, 이 시인은 가스통 바슐라르의 상상력의 네 원소(불, 물, 공기, 흙)와 맥을 같이하는 불교에서의 네 가지 원소인 '지수화풍地水火風'을 시에 잘 투영해내고 있다는 증거이다. 이를 통해 '무상'이라는 공空과 '제행무상'이라는 우주 만물의 변화 이치를 깨달아 나간다. '지수화풍地水火風'에 색법色法인 공空과 심법心法인 식識을 추가한 '지수화풍공식地水火風空識'이라는 우주 만물이 생겨나는 여섯 가지 원소를 시에 장치해 놓았다는 점에 주목해야 한다. 종교적 관념어를 직접 채택하였지만, 선적 상상력의 높은 경지를 읽을 수 있다.

범어사 상수리나무에 걸린 달/ 휘영청 속 들어낸 자리/ 둔탁한 나를 덧댄다 // 실루엣 안개/ 주렴 걸어 두고/ 월하의 여인을 생각한다/ 다가갈수록 멀어지는 성채/ 긴 그림자/ 발아래 떨구기 두려워/ 서성거렸다 // 언제쯤/ 그대 환한 얼굴 다시 볼는지/ 조율에 스스로 현이 된 여인/ 구부러진 길 세워 걷기는/ 눈물겹다 // 어슴푸레한 골목에 기대어
― 〈석탑 위에 뜬 달〉 전문

인용 시 〈석탑 위에 뜬 달〉은 함축미가 돋보이는 서정시이다. 서정적 자아는 범어사 석탑 위 상수리나무에 걸린 휘영청 밝은 달을 바라본다. 달의 "속을 들어낸 자리"에 "둔탁한 나를 덧댄다"라고 진술한다. 여기서 이 시인은 동사 '들어내다'라는 표현으로 공간의 비움을 표현한다. 만일 '나타나다'라는 의미의 '드러내다'라는 동사를 채택하였다면 밋밋한 시로 전락했을 것이다. 즉, 달의 속을 들어낸 빈 공간[空]에 서정적 자아의 비움[空]을 덧댄다. 이런 동일시를 통해 자아를 성찰한다.

2연 "다가갈수록 멀어지는 성채/ 긴 그림자/ 발아래 떨구기 두려워/ 서성거렸다"라는 시행과 3연 "조율에 스스로 현이 된 여인/ 구부러진 길 세워 걷기는/ 눈물겹다"라는 시행은 삶의 긴 여정에 관한 이미지를 간접 정서로 형상화한 표현이다. 즉, 살아온 긴 여정을 되돌아보며 성찰하는 이미지를 묘사했다. 5연에

서 "어슴푸레한 골목에 기대어"라는 시행은 긴 여운을 안겨 준다. '골목'이라는 공간은 기억 혹은 추억으로 해석함이 타당할 것이다. 아련하게 먼 옛 기억에 의지해 본다는 의미로 해석해 본다. 이런 시어의 조탁으로 시를 빚어내는 창작 행위 자체가 명상이고, 선무답이기도 하다 즉, 선적 상상력의 결과물이다

> 동네 어귀 자리한 화톳불/ 이웃 마음을 태우다 남은 불씨 한 톨// 프로메테우스의 숭고함/ 제우스의 역린이 된 형벌/ 코카시스의 사슬로/ 독수리를 실찌운 통한의 세월// 불씨의 이야기 이승에 꼬리 달고/ 멀고 먼 길을 끌며 가고 있다/ 가슴속 신화는 책갈피 접힌 채// 살점 뜯기우는 강한 이별/ 모년 모일 그녀의 눈물 젖은 수건/ 칼바람 소리// 사막의 침묵은 일상을 잠식시키며/ 가슴에 묻어 둔 넋 놓고/ 텅 빈 곳에 차려진 술잔 속에 울음 따른다
> ―〈선인장의 가시〉 전문

인용 시 〈선인장의 가시〉는 선적 상상력과 함께 신화적 상상력이 내재해 있다. 프로메테우스와 관련한 신화를 모티프로 선적 상상력을 가미하여 창작한 시이다. 프로메테우스는 신의 비밀인 불을 훔쳐 인간에게 준다. 이에 제우스가 형벌로 코카서스 산의 바위에 쇠사슬로 묶어 버린다. 그리고 독수리를 보내서 간을 쪼아 먹게 했다는 신화이다. 이런 신화적 화소話

素를 2연 "프로메테우스의 숭고함/ 제우스의 역린이 된 형벌/ 코카서스의 사슬로/ 독수리를 살찌운"이라는 시행과 3연 "불씨의 이야기 이승에 꼬리 달고/ (중략)/ 가슴속 신화는 책갈피 접힌 채"라는 시행에서 읽을 수 있다.

이 시인은 프로메테우스의 신화에 이별의 아픔을 겹쳐 놓고, 죽음과 이별의 정서를 간접적으로 표현해 내고 있다. 이는 4연 "살점 뜯기우는 강한 이별/ 모년 모일 그녀의 눈물 젖은 수건/ 칼바람 소리"라는 시행과 5연 "사막의 침묵은 일상을 잠식시키며/ 가슴에 묻어 둔 넋 놓고/ 텅 빈 곳에 차려진 술잔 속에 울음 따른다"라는 시행에 절절히 녹아 흐른다. 그 아픔은 시의 제목처럼 '선인장 가시'와 같다. 즉, '선인장 가시'에 찔린 듯 고통스럽다는 의미로 해석할 수 있다. 이러한 작법은 선적 상상력의 결과물이기도 하다.

또한, 인용 시는 프로메테우스를 모티프로 한 불의 이미지를 토대로 하여 '눈물'이라는 물의 이미지, '칼바람'이라는 공기의 이미지, '사막'이라는 대지의 이미지를 장치해 놓았다. 이를 4연 "그녀의 눈물 젖은 수건/ 칼바람 소리"와 5연 "사막의 침묵은 일상을 잠식시키며"라는 시행에서 읽을 수 있다. 인용 시에서도 불교에서의 네 원소인 '지수화풍地水火風'을 시에 잘 투영해내고 있다.

3. 존재론적 성찰의 시

이 시집에는 존재론적 의미를 깨닫는 시, 나아가 존재론적 성찰을 추구하는 시 등 존재론적 관념을 삶과 결부하여 형상화한 시가 비중 있게 실려 있다. 이는 참나 발견과 관련이 있다. 이런 존재론적 관념을 풀어놓은 시를 읽어 본다.

하늘길 맑아/ 떠나보는 나들이∥ 등 굽은 촌로/ 뒷모습이 사과만큼 익었나/ 간밤 내린 별들이 아침/ 노인의 어깨 위로 가득하다∥ 개천에 핀 갈대들의 휘파람 소리/ 눈을 감아도 손잡아 앞서는 거리/ 한때 억새인지 갈대인지/ 우기던 그때가 그립다∥ 폐교 담벽 각질로 떨어지는/ 담쟁이의 야무진 발톱/ 절벽 오르던 날개도 떨구었다∥ 안간힘으로 잡고 싶던 사람/ 잡은 손 놓아줄 용기/ 순간, 한 뼘 크는 자신을 보며/ 사랑의 문패를 닦는다

―〈존재의 의미〉 전문

인용 시 〈존재의 의미〉는 존재론적 의미를 부여한 철학적 사유의 시이다. 2연 "등 굽은 촌로/ 뒷모습이 사과만큼 익었다/ 간밤 내린 별들이 아침/ 노인의 어깨 위로 가득하다"라는 시행에서 등 굽은 촌로의 "뒷모습이 사과만큼 익었다"라며 늙음을 잘 익은 사과 이미지로 형상화했다. 3연 "개천에 핀 갈대들의 휘파

람 소리/ 눈을 감아도 손잡아 앞서는 거리/ 한때 억새인지 갈대인지/ 우기던 그때가 그립다"라는 시행에서 옛 추억을 회상한다. 4연 "폐교 담벽 각질로 떨어지는/ 담쟁이의 야무진 발톱/ 절벽 오르던 날개도 떨구었다"라는 시행에서 폐교로 변한 모교의 이미지를 형상화했다. 5연 "안간힘으로 잡고 싶던 사람/ 잡은 손 놓아줄 용기/ 순간, 한 뼘 크는 자신을 보며/ 사랑의 문패를 닦는다."라는 시행은 집착의 삶에서 벗어나 내려놓음의 삶을 추구하려는 태도를 견지한다. 이는 세상을 따뜻한 시선으로 보고, 따뜻하게 감싸 안을 실천적 사랑의 표상이다. 나아가 사랑의 문패를 닦아 반짝반짝 빛나게 한다. 이같이 서정적 자아는 실천하는 사랑을 통해 존재의 의미를 깨닫는다.

옷장 정리하던 날/ 불룩한 살점을 잡고 쳐다보는 허물/ 구석자리 쌓이는 옷가지들/ 미련 때문에 떠나지 못한다∥ 그 사람과 마음 나눌 때처럼/ 서로에게 들러붙어 떠날 줄 모르던 시간/ 비바람 막아 주며 같이한 동반자/ 눈빛 맞추며 거실에 불 밝히고/ 재생해 보자며 수술대에 올린다∥ 계절이 바뀌어 마음도 바뀐 변덕/ 돌이켜 생각해 보니 첫 만남 품었던 생각/ 바늘에 실 꿰어 낡은 곳 봉합하고/ 작은 상처 보듬어 성공한 수술/ 새 얼굴 드레스 걸치고/ 동네 어귀 슈퍼마켓 창문에 비추이는 내가/ 자랑스럽다

—〈옷 수선〉 전문

인용 시 〈옷 수선〉은 존재론적 성찰을 지향하는 시이다. 서정적 자아는 옷장을 정리한다. 버리지 못한 옷을 수선한다. 낡은 곳을 봉합하고, 작은 상처는 보듬어 수술한다. 이렇게 성공적인 수선을 마치고 새로 태어난 드레스를 걸치고 바깥에 외출한다. 동네 어귀 슈퍼마켓 창문에 비치는 자신이 자랑스럽게 다가온다. 인용 시는 낡은 옷의 상처에 삶의 상처를 겹쳐 놓고 치유의 상상력을 발휘한다. 낡은 옷의 재생을 통해 삶의 상처에 새살 돋게 하는 치유를 염원하고 있다.

> 누가 간디의 신발을 훔쳐갔을까∥ 중부고속도로 길옆/ 몇 년째 뒹굴며 기다리는 구두 한 짝/ 매연이 덮인 길 위 안주安住한 탕자/ 투쟁도 독립도 아닌 삶/ 일상을 나눈 것도 시작도 아리송한 모습/ 서로 떨어진 이별 타령/ 내 눈에는 간디의 신발로 보여/ 순간, 나는 아나키스트가 된다∥ 벗겨진 한 짝의 신발/ 던져내던 긍정의 의미와 빈곤의 현실/ 영락공원 가는 갈림길이 보이고/ 길고 오랜 생각 데불고/ 혼자만의 상상이 하늘을 날아오른다∥ 도로의 청소차 바람 일으키며 쓸어 담는 무게/ 신발 두 짝이 통 속에서 드디어 만났다/ 행복의 시작이다 염원의 깊이다/ 간디의 아나키즘을 생각하며
> ―〈간디의 신발〉 전문

인용 시 〈간디의 신발〉에서 주요 시어는 '간디의 신발', '아나키스트', '아나키즘'이다. 간디는 인도 독립

운동 지도자로서 무저항·불복종·비폭력·비협력주의자였다. 권력 자체를 폭력이라 여겼다. 이런 점에서 무정부주의자, 즉 아나키스트로 평가받는다.

 인용 시에는 간디가 남아프리카에서 변호사로 활동할 때의 일화와 함께 그의 사상을 장치해 놓았다. 간디가 기차를 탈 때 신발 한 짝이 플랫폼에 떨어졌다. 기차가 서서히 움직이자 간디는 나머지 신발을 벗어 먼저 떨어진 한 짝의 옆에 던졌다. 놀란 사람들이 그 이유를 묻자 "서로 나누어진 신발 한 짝은 쓸모가 없습니다. 저렇게 두 짝이어야 쓸모가 있습니다."라고 대답했다. 인용 시는 간디의 일화를 인유하여 타인을 배려하고 이롭게 하는 이타심을 강조한다.

 또한, 시적 화자는 간디의 무정부주의 이념을 생각한다. 시적 화자의 무정부주의에 관한 이념화 표현은 아니다. 간디의 신발 한 짝과 중부고속도로 가장자리에 몇 년째 나뒹구는 쓸모없는 신발 한 짝을 겹쳐 놓고 잠시 간디의 무정부주의 사상을 생각한다. 이를 2연 "중부고속도로 길옆/ 몇 년째 뒹굴며 기다리는 구두 한 짝/ (중략)/ 내 눈에는 간디의 신발로 보여/ 순간, 나는 아나키스트가 된다"라는 시행과 4연 "도로의 청소차 바람 일으키며 쓸어 담는 무게/ 신발 두 짝이 통 속에서 드디어 만났다/ 행복의 시작이다 염원의 깊이다/ 간디의 아나키즘을 생각하며"라는 시행이 대변한다.

  결국, 인용 시에서 시적 화자는 이타주의利他主義를 실천한 간디의 일화에 반추하여 자신의 이기주의利己主義 삶을 성찰한다. 이런 철학적 사유를 바탕으로 한 시는 존재론적 성찰의 시이면서 참나 발견의 시이기도 하다.

  호수는 냉가슴/ 많은 이야기 담아 안고/ 심술은 풍덩 돌팔매로 깨운다∥ 물새도 놀라고 타인들도 돌아보고/ 멀뚱히 숨겨 둔 내숭/ 도란도란 그 속으로 보낸다∥ 인정은 곳곳에서 무여들고/ 삶의 굴곡 휘어진 길/ 신발 흙 분으로 보답을 한다∥ 시간을 외면한 외출/ 해는 산 그림자 찍어/ 호수에 보내고/ 간간이 비추던 내 모습/ 그림자 속에 숨긴다

                         ―〈회동 저수지〉 전문

  인용 시 〈회동 저수지〉는 금정구 소재 회동 저수지의 산책길을 거닐며 시상을 포착한 서정시이다. "호수는 냉가슴/ 많은 이야기 담아 안고/ 심술은 풍덩 돌팔매로 깨운다"라는 시행에서 서정적 자아는 "호수는 냉가슴"이라며 은유로 표현한다. 그리고 심술궂게 호수에 돌을 던져 고요를 깨트려 잠든 물을 깨운다. 그 돌팔매로 물새도 놀라고 타인들도 놀라 뒤돌아본다. 그래도 내숭을 떨며 모른 척한다. 이곳에 사람들이 모여들어 "삶의 굴곡"처럼 "휘어진 길"을 걷는다.

서정적 자아는 "해는 산 그림자 찍어/ 호수에 보내고/ 간간이 비추던 내 모습/ 그림자 속에 숨긴다"라는 시행처럼 해거름의 산책길에서 자아를 탐색한다. 결국, 서정적 자아는 회동 저수지 산책을 통해 존재론적 성찰의 시간을 갖는다. 이는 참나 발견으로 정진해 나가는 과정이기도 하다.

4. 다양한 체험을 녹여 넣은 서정시

서정시는 개인적인 체험을 바탕으로 한 주관적인 정서를 표현하는 시이다. 이번 시집에서 다양한 서정시를 읽을 수 있다. 즉, 이 시인의 다양한 체험을 녹여 넣은 서정시를 읽을 수 있다. 이를 몇 편만 추려서 읽어 본다.

> 아이 울음 아침을 깨우는 골목/ 겨울바람 차단한 굴뚝 연기 하늘에 올라/ 새벽 온기 데운다∥ 사랑의 미소 속/ 가문 텃밭 기다림에 쏟은 정성/ 첫 날갯짓으로 찾아온 까만 눈동자/ 번듯하지도 화려하지도 않은/ 가슴으로 파고드는 한량없는 사랑∥ 엄마 아빠가 그러했듯이 네가 태어나고/ 고귀함은 익숙지 않은 세상/ 빛으로 다가왔다∥ 뽀얀 얼굴을 내밀고 때때로 엄마를 부르며/ 귀하고 숭고한 엄마의 유두를 물고/ 마트료시카의 풍요를 느낀다∥ 큰 웃음 큰 미소 더욱 행복한 요람에서
> ―〈첫걸음〉 전문

인용 시 〈첫걸음〉은 첫걸음을 내딛는 아이의 행복한 삶의 기원과 내리사랑의 행복감을 함의하고 있다. '사랑, 정성, 세상, 숭고, 풍요, 행복' 등의 관념어를 많이 장치한 주관적인 표현의 시이다. 즉, 관념시이다. 아이의 탄생과 유아기의 어린아이를 향한 사랑을 그려 낸 회화성의 시이다. 이를 2연 "사랑의 미소 속/ 가는 넛밭 기다림에 쏟은 정성/ 첫 날갯짓으로 찾아온 까만 눈동자/ 번듯하지도 화려하지도 않은/ 가슴으로 파고드는 한량없는 사랑"이라는 시행이 대변한다. 또한, 4연 "뽀얀 얼굴을 내밀고 때때로 엄마를 부르며/ 귀하고 숭고한 엄마의 유두를 물고/ 마트료시카의 풍요를 느낀다"라는 시행과 5연 "큰 웃음 큰 미소 더욱 행복한 요람에서"라는 시행에서 모성 본능의 내리사랑과 함께 아프로디테의 아들인 에로스Eros처럼 발가벗은 어린아이의 행복한 이미지가 겹쳐 읽힌다. 특히 "마트료시카의 풍요"라는 표현은 목제 인형 안에 똑같은 인형이 크기순으로 들어 있는 '마트료시카matryoshka'를 의미한다. 이는 러시아의 전통 목제 인형으로 다산과 풍요를 상징한다. 결국, 인용 시도 풍요로운 삶을 지향하는 의미를 담고 있다. 즉, 삶의 풍요를 기원하는 기원적 시점의 시이다.

　둥근달 창문에 당도하면/ 뜰에 선 나무 술렁거려/ 벤치 위 앉은 종이컵 바람 담기 바쁘다/ 풀벌레 목청 높여 별을 부르고/ 달빛 걸음 만추를 재촉한다 // 발등을 숨겨도 드러내게 하는 마실 길/ 머리카락 쓰다듬어 내려진 어깨동무/ 먼 산 부엉이 더딘 걸음 나눈 인사/ 오래도록 정담을 나눈다 // 가을 길 따라가는 바람이고 싶다/ 물든 가슴에 별빛 비추고/ 달빛에 들녘 거닐던 그때처럼/ 그 사람 조근조근 다가오던 곳 // 인정에 목말라 빨라진 걸음/ 속 깊은 음색 있어 기우는 마음/ 강 건너 불빛만 한 아름 안고 돌아오는 시간

— 〈가을 노래〉 전문

인용 시 〈가을 노래〉는 깊어 가는 가을밤을 수채화처럼 그려 낸 회화성의 서정시이다. 즉, 가을을 노래하는 서정시이다. 서정적 자아는 보름달이 뜬 가을밤의 나무, 바람, 풀벌레, 달빛, 부엉이, 별빛, 불빛 등을 노래한다. 특히 1연 "둥근달 창문에 당도하면/ 뜰에 선 나무 술렁거려/ 벤치 위 앉은 종이컵 바람 담기 바쁘다/ 풀벌레 목청 높여 별을 부르고/ 달빛 걸음 만추를 재촉한다"라는 시행에 주목해 본다. 서정적 자아는 창문에 둥근달이 내려앉으면 뜰에 선 나무도 술렁댄다며 나무를 인격화하여 시각적 이미지로 말한다. 바람결에 이리저리 나뒹구는 벤치 위의 종이컵을 "벤치 위에 앉은 종이컵 바람 담기 바쁘다"라며 시각적 이미지로 인격화하여 형상화한 표현은 매우 돋보인다. "풀벌레 목청 높여 별을 부르고"라는 청각적 이

미지는 별이라는 시각적 이미지를 즉시 호출해내는 효과를 가져온다. "달빛 걸음 만추를 재촉한다"라는 시각적 이미지는 깊어 가는 가을밤의 이미지를 한 폭의 그림으로 형상화한 것이다.

  서정적 자아는 3연에서 "가을 길 따라가는 바람이고 싶다"라는 감정 이입의 시선과 4연에서 "강 건너 불빛만 한아름 안고 돌아오는 시간"이라며 공감각적 이미지('불빛' 시각+'안다' 촉각)의 시선으로 가을을 노래한다. 결국, 허무함 혹은 그리움의 정서를 깊어 가는 가을밤의 회화성으로 그려 낸 시이다.

  바다를 기댄 해운대 역사/ 동해 남부 긴 여정에 두 다리 뻗어 휴식을 강요받았다/ 한때 기적 소리에 가슴 설레던 곳/ 바닷바람 비린내 뿜어내고 하늘도 바다를 닮아 가면/ 두 어깨에 깨꽃을 피우며 즐겁던 날들이었다/ 빈 바퀴 굴러 세우던 입영 열차의 애환/ 기적 소리 사라진 곳 비둘기 떼 기다림에 해 저문다∥ 해변의 추억을 움켜쥐고 선 자리/ 노인들 틈틈이 손 내미는 뜰에는 비둘기 떼와 먹이 쟁탈전이 일어난다/ 젊은 날 청춘들이 나누는 정보다 더 애절한 기다림/ 파도가 출렁이던 백사장 녹슨 선로 위 세월을 쌓는다/ 떠난 사람의 목소리 아스라한 메아리로 서성인다∥ 불쑥 찾아오는 그 사람 무형의 그림자/ 창문 열어 내다보는 허공의 망상/ 얼마나 더 당겨 싸워야 남이 될 수 있을까∥ 저 지대방에 그림자로 남은 이는 누구일까
                                            -〈해운대역〉 전문

인용 시 〈해운대역〉은 4연으로 구성한 산문시이다. 구 동해남부선 해운대역이 배경이다. 여러 이야기를 장치하였으나, 주요 모티프는 젊은 날의 추억과 입영 열차에 얼기설기 엮인 그리움이다. 이를 읽어 보면, 1연에서 "바닷바람 비린내 뿜어내고 하늘도 바다를 닮아 가면/ 두 어깨에 깨꽃을 피우며 즐겁던 날들이었다/ 빈 바퀴 굴러 세우던 입영 열차의 애환"이 서린 곳이라며 옛 추억을 회억한다. 2연에서 "젊은 날 청춘들이 나누는 정보다 더 애절한 기다림/ 파도가 출렁이던 백사장 녹슨 선로 위 세월을 쌓는다/ 떠난 사람의 목소리 아스라한 메아리로 서성인다"라는 시행과 3연에서 "불쑥 찾아오는 그 사람 무형의 그림자/ 창문 열어 내다보는 허공의 망상/ 얼마나 더 당겨 싸워야 남이 될 수 있을까"라는 시행에서 그리움을 떨치려 해도 떨칠 수 없다는 의미를 담은 이미지로 그려 내고 있다. 이는 선문답하듯 그리움의 문답을 더듬어 깨운다. 4연에서 "저 지대방에 그림자로 남은 이는 누구일까"라며 선문답하듯 선적 상상력을 발휘한다. '지대방'이란 절의 큰방 머리에 있는 작은방을 일컫는 명사이다. 이부자리, 옷, 지대 따위를 두는 곳이다. 서정적 자아는 그 작은 공간에 드러누운 자신의 그림자와 심미적 거리를 두고 참나를 발견해 나가는 선문답을 한다. 이를 헤겔의 '즉자-대자적-존재'의 개념으로도 해석할 수 있을 것이다. 이런 심미적 거리는 자신을 객관화하고 성찰하게 하여 '대자적 존재'임을 깨닫게 한다. 이를 달리 보면, 그 내밀한 공간에 갇힌 추억을 그리움으로 승화해 나가는 몽상의 상상력을 발휘하고 있음을 읽을 수 있다.

인용 시를 공감각적 이미지 표현을 중심으로 다시 읽어 본다. 1연의 "바닷바람 비린내 뿜어내고 하늘도 바다를 닮아 가면"은 후각적 이미지와 시각적 이미지, 2연에서 "해변의 추억을 움켜쥐고 선 자리"는 촉각적 이미지와 시각적 이미지, "떠난 사람의 녹소리 아스라한 메아리로 서성인다"는 청각적 이미지와 시각적 이미지가 녹아 흐른다.

뜀박질로 올라탄 지하철/ 앉은 사람도 선 사람도 요지부동이다/ 비집고 들어선 여인의 향내 맡으며/ 부산 갈매기 소리 듣고 있다/ 몇 정거장 지나면/ 사방을 차단한 문으로 갈매기는/ 하늘을 향해 날아갈 것이다 // 언제나 차고 비워지는 궤도/ 콩나물 뽑아내듯 떠나는 사람들/ 시간은 빈 좌석에 홀로 덜컹이며/ 어둠을 향해 화장품 냄새 따라 떠난 지 오래다 // 빽빽하던 사람들은 보이지 않고/ 노인의 긴 지팡이는/ 밤안개 겹겹이 쌓인 골목길을/ 갈매기 등에 업혀 내려선다
―〈지하철의 갈매기〉 전문

인용 시 〈지하철의 갈매기〉는 부산 도시 철도를 탑

승하여 이동하는 과정에 일상의 삶을 결부해 놓았다. 부산 도시 철도에서 안내 방송할 때 파도 소리와 갈매기 소리를 송출하기도 한다. 이를 배경으로 한 서정시이다.

  서정적 자아는 뜀박질로 지하철에 올라탄다. 지하철 내부는 복잡하여 움직일 수 없을 지경이다. 이때 서정적 자아는 갈매기 소리를 듣는다. "몇 정거장 지나면/ 사방을 차단한 문으로 갈매기는/ 하늘을 향해 날아갈 것이다"라는 공기적 상상력을 발휘한다. 대지의 지하를 기어 다니는 지하철 안의 갈매기 소리라는 청각적 이미지를 날갯짓하며 날아가는 시각적 이미지로 전이해 나간다. 이는 대지적 상상력과 공기적 상상력의 합일을 의미한다. 즉, 대지적 상상력과 공기적 상상력의 산물이다. 또한, 서정적 자아는 2연 "언제나 차고 비워지는 궤도/ 콩나물 뽑아내듯 떠나는 사람들"이라는 시행에서 채움과 비움의 이항 대립을 통해 비움의 미를 추구한다. 나아가 3연 "빽빽하던 사람들은 보이지 않고/ 노인의 긴 지팡이는/ 밤안개 겹겹이 쌓인 골목길을/ 갈매기 등에 업혀 내려선다"라는 시행에서도 삶을 타진하는 대지적 상상력과 공기적 상상력의 합일을 이루어 낸다. 인용 시의 결행 "갈매기 등에 업혀 내려선다"리는 공감각적 이미지의 표현에서 삶의 깊이와 함께 긴 여운이 흐르고

또 흐른다.

5. 나가기

이석란 시인의 제2시집 『달팽이의 기도』에서 선적 깨달음, 즉 해탈을 읽을 수 있다. 궁극적으로는 깨달음의 완성인 열반(니르바나)을 지향하는 염원이 담겼음을 읽을 수 있다. 앞에서 살펴본 바와 같이 이 시집의 특징은 세 가지로 요약할 수 있다. 첫 번째는 선적 상상력을 바탕으로 한 깨달음의 시가 주를 이룬다는 점, 두 번째는 철학적 사유의 산물인 존재론적 성찰의 시를 비중 있게 수록했다는 점, 세 번째는 개인적인 체험을 바탕으로 한 주관적인 정서를 표현한 서정시를 함께 수록했다는 점이다.

이런 특징을 고려하여 선적 상상력을 수렴한 깨달음의 시, 철학적 사유의 산물인 존재론적 성찰의 시, 개인적 체험을 바탕으로 한 주관적 정서를 표현한 다양한 서정시를 읽어 보았다.

시 창작 작법 측면에서 다시 언급하면, 이 시인이 공감각적 이미지의 표현과 간접 정서의 표현으로 긴 여운을 남기는 시를 창작한다는 점, 선적 상상력뿐만 아니라 신화적 상상력도 풍부하게 발휘한다는 점, 불교에서의 네 원소인 '지수화풍地水火風'을 시에 잘 투영해내고 있다는 점, 나아가 '지수화풍地水火風'에 색법色法인 공空과 심법心法인 식識을 추가한 '지수화풍공식地水火風空識'이라는 우주 만물이 생겨나는 여섯 가지 원소를 시에 장치해 놓았다는 점 등등 장점이 많다는 점을 읽을 수 있다.

  전반적으로 이석란 시인은 진술과 묘사의 조화로운 표현을 통해 삶을 타진하는 창조적인 시 창작법을 탁월하게 구사해 나가고 있다. 이번 제2시집의 성공적인 상재를 축하드린다.

달팽이의 기도

발행 | 2022년 10월 14일
지은이 | 이석란
펴낸이 | 김명덕
펴낸곳 | 한강출판사
홈페이지 | www.mhspace.co.kr
등록 | 1988년 1월 15일(제8-39호)
주소 | 서울시 종로구 인사동11길 16, 303호(관훈동)
전화 02-735-4257, 734-4283 팩스 02-739-4285

값 10,000원

ISBN 978-89-5794-513-1 04810
　　　978-89-88440-00-1 (세트)

※저자와의 협약에 의해 인지는 생략합니다.
※이 책의 저작권은 저자와 본 출판사에 있습니다.
※이 책은 한국예술인복지재단의 2021년 창작준비금 일부를 지원받았습니다.